Papy Boulet

Scénario : Jean Leroy
Dessin et couleurs : Lorena Calderón

Kennes

Merci à Robert Leroy, Olivier Leroy et Laurent Bienvenu grâce à qui j'ai découvert tant de bandes dessinées.
Merci à Grégoire Dalle, Monsieur BD de la médiathèque de Villeneuve d'Ascq.
Merci à Olivier « Ramage » Dutto et Rodéric Valambois pour leurs relectures du scénario.
Merci à Marjorie Jouvray pour son accompagnement éditorial jamais « boulet ».
Merci à Dimitri Kennes pour sa confiance.
Gracias a Lorena por su total implicación y su infinita paciencia.

Jean

Je remercie Marjorie et l'équipe des éditions Kennes de m'avoir fait confiance
une nouvelle fois pour un nouveau voyage, c'était aussi beau que la première fois.

Je remercie Jean d'avoir écrit cette histoire pleine de vie avec laquelle je me suis beaucoup amusée.
J'espère que tu as été heureux de partager avec moi ta première aventure en bande dessinée ?

Lorena

Kennes les3as

Retrouvez-nous sur www.kennesles3as.com
Rejoignez-nous sur notre page Facebook :
www.facebook.com/Kennes Les 3 AS
Suivez-nous sur notre compte Instagram : Kennes Les 3 As

Première impression

Les 3 As - SRL – 34, route de Lillois – 1472 Vieux-Genappe – Belgique

Dépôt légal : janvier 2025 | D/2025/13.105/1
ISBN 978-2-3807-5923-5 | NUART 81-8976-8

Imprimé en Belgique sur les presses de Delabie

CHERS AMIS, BONJOUR !
LES PARENTS DE LA JEUNE SALMA, 12 ANS, N'AYANT PERSONNE POUR LA GARDER PENDANT LES VACANCES D'ÉTÉ...
NOTRE CANDIDATE REMPORTE UN NOUVEAU SÉJOUR CHEZ PAPY RENÉ, ALIAS...
PAPY BOULET !
APPLAUDISSEMENTS, S'IL VOUS PLAÎT !

OH LÀ LÀ... SI ON NE PEUT MÊME PLUS RIGOLER...
TIENS ! EN PARLANT DE RIGOLER...
TU CONNAIS LA DIFFÉRENCE ENTRE CHEZ PAPY RENÉ ET EN PRISON ?
NON, VAS-Y, JE T'ÉCOUTE...
EN PRISON, AU MOINS, IL Y A LA TÉLÉ !
SALMA...
AVOUE QUE TU AS TROUVÉ ÇA DRÔLE !
SI, SI, JE T'AI VUE SOURIRE !!
J'AVOUE, J'AVOUE... ET J'ESPÈRE QUE TU METTRAS LA MÊME ÉNERGIE À RÉUSSIR TON SÉJOUR CHEZ PAPY !

VRRR
SUP
SA
CML1997

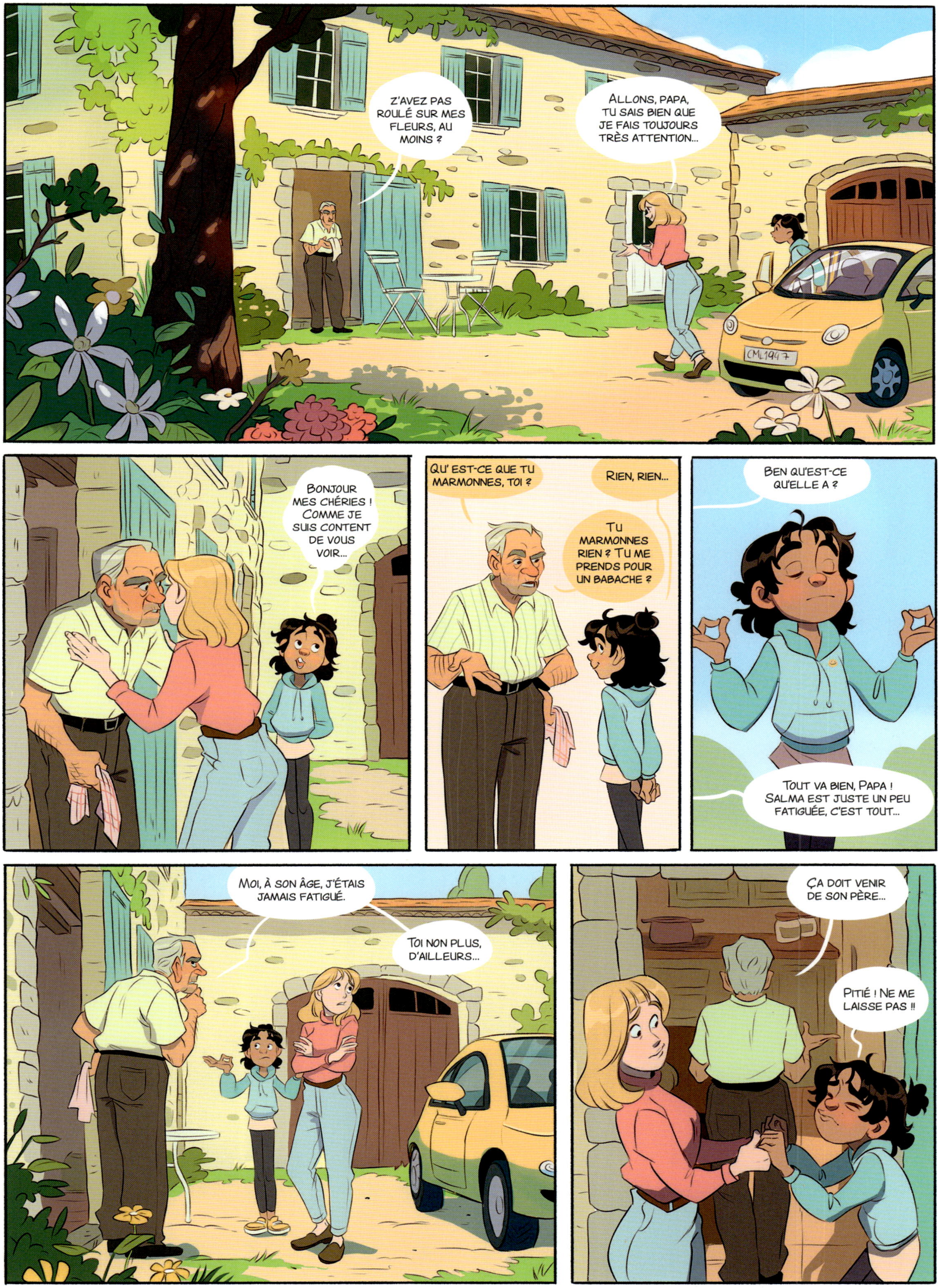
Z'AVEZ PAS ROULÉ SUR MES FLEURS, AU MOINS ?
ALLONS, PAPA, TU SAIS BIEN QUE JE FAIS TOUJOURS TRÈS ATTENTION...
BONJOUR MES CHÉRIES ! COMME JE SUIS CONTENT DE VOUS VOIR...
QU' EST-CE QUE TU MARMONNES, TOI ?
RIEN, RIEN...
TU MARMONNES RIEN ? TU ME PRENDS POUR UN BABACHE ?
BEN QU'EST-CE QU'ELLE A ?
TOUT VA BIEN, PAPA ! SALMA EST JUSTE UN PEU FATIGUÉE, C'EST TOUT...
MOI, À SON ÂGE, J'ÉTAIS JAMAIS FATIGUÉ.
TOI NON PLUS, D'AILLEURS...
ÇA DOIT VENIR DE SON PÈRE...
PITIÉ ! NE ME LAISSE PAS !!

ET C'EST AINSI QUE LA PAUVRE PETITE SALMA FUT ABANDONNÉE SUR L'ÎLE DU BOULET PAR SA PROPRE MÈRE...

ON MANGE !
EH ! ON MANGE !
?!
COMMENT ÇA, ON MANGE ?! IL EST 18H30 !!
ON DIT 6 HEURES ET DEMIE... 18H30, C'EST POUR LES PARISIENS !
18H30 OU 6 HEURES ET DEMIE...
C'EST QUAND MÊME SUPER TÔT !!

snif
snif
C'est de la soupe au céleri ?
Mademoiselle est perspicace.
Je déteste le céleri...
Le céleri, c'est très bon pour la santé !
Pis de toute façon, c'est ça ou rien !
Alors...
Ce sera rien !

Charlotte
Slt Lolotte !
Salma
Comme prévu, soirée galère chez Papy B ! Mais c moi qui ai eu le dernier mot !
ET MAINTENANT, UN PEU DE RAP BIEN BRUYANT POUR ME DÉTENDRE !
. . .

NOOOOOOOOON !!
J'AI OUBLIÉ MON CASQUE EN BAS !!!

1/4 CAFÉ, 3/4 LAIT, 1 MORCEAU DE SUCRE : LE MÉLANGE PARFAIT !
GLOU GLOU
TON CAFÉ AU LAIT EST TOUJOURS AUSSI DÉLICIEUX, PAPY !
BEN OUI ! POURQUOI IL NE SERAIT PAS BON AUJOURD'HUI ?

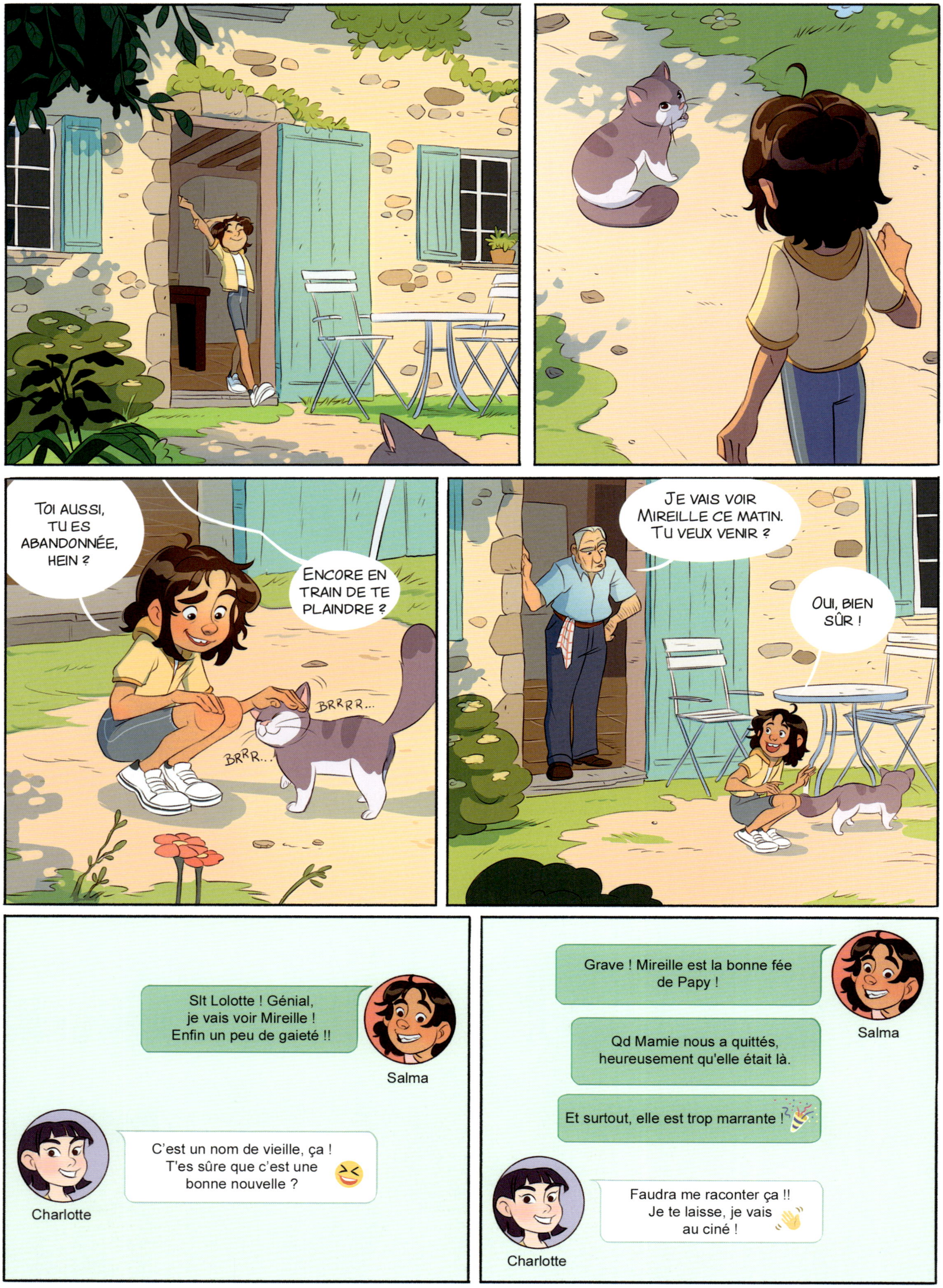
TOI AUSSI, TU ES ABANDONNÉE, HEIN ?
ENCORE EN TRAIN DE TE PLAINDRE ?
BRRRR...
BRRR...
JE VAIS VOIR MIREILLE CE MATIN. TU VEUX VENIR ?
OUI, BIEN SÛR !
Slt Lolotte ! Génial, je vais voir Mireille ! Enfin un peu de gaieté !!
Salma
C'est un nom de vieille, ça ! T'es sûre que c'est une bonne nouvelle ?
Charlotte
Grave ! Mireille est la bonne fée de Papy !
Qd Mamie nous a quittés, heureusement qu'elle était là.
Et surtout, elle est trop marrante !
Salma
Faudra me raconter ça !! Je te laisse, je vais au ciné !
Charlotte

BIP! BIP!
EUH... PAPY ? ON NE VA QUAND MÊME PAS ALLER À L'HÔPITAL EN TRACTEUR ?!
BEN POURQUOI PAS ?
J'AI BIEN CRU QUE T'Y ARRIVERAIS JAMAIS !
VRRR VRRR
POURTANT, À TON ÂGE, TA MÈRE ÉTAIT DRÔLEMENT DÉGOURDIE ! ÇA DOIT VENIR...
DE MON PÈRE, OUI, JE SAIS !

BEN TU VOIS, ON Y EST DÉJÀ !
DÉJÀ ?! PFFF ! J'AURAIS ÉTÉ PLUS VITE À TROTTINETTE !
VVRRRRRRRR
BEN...
QUI C'EST LE BABACHE QU'A MIS UNE BARRE ?!
IL EN FAUT PLUS POUR M'ARRÊTER...
ACCROCHE-TOI !
2m
P
VRROOOM

Hop ! Même pas besoin de ticket !
KRUIIII
...
Ben tu lui trouves quoi à cette voiture de Parisien ?!
Je parie que mon tracteur est plus confortable !
Pour le savoir, on devrait peut-être demander au propriétaire de faire l'échange pour le reste de la journée ?
Personne d'autre que moi n'a jamais conduit mon tracteur ! Et c'est pas demain la veille que ça va changer... !
HOPITAL DU VAL
C'est pas beau de ne pas vouloir prêter ses affaires...

SALUT MIREILLE L'ABEILLE !
COUCOU SALMA LE LAMA !
ALORS, CE SÉJOUR EN TÊTE À TÊTE AVEC PAPY ? COMMENT ÇA SE PASSE ?
EUH... JOKER !
C'EST BIEN CE QUE JE CRAIGNAIS...
VIENS DONC ICI QUE JE TE FASSE UN GROS CÂLIN POUR TE CONSOLER !

'JOUR...
RENÉ ! MON RAYON DE SOLEIL !
hihi
T'AS BIEN MANGÉ, HIER SOIR ?
FIGURE-TOI QU'ON NOUS A SERVI DES TOMATES...
DES TOMATES AUSSI BONNES QUE LES TIENNES...
PEUT-ÊTRE MÊME MEILLEURES !
ET VOICI MON CHEVALIER SERVANT !
POUR VOUS, Ô MA REINE...

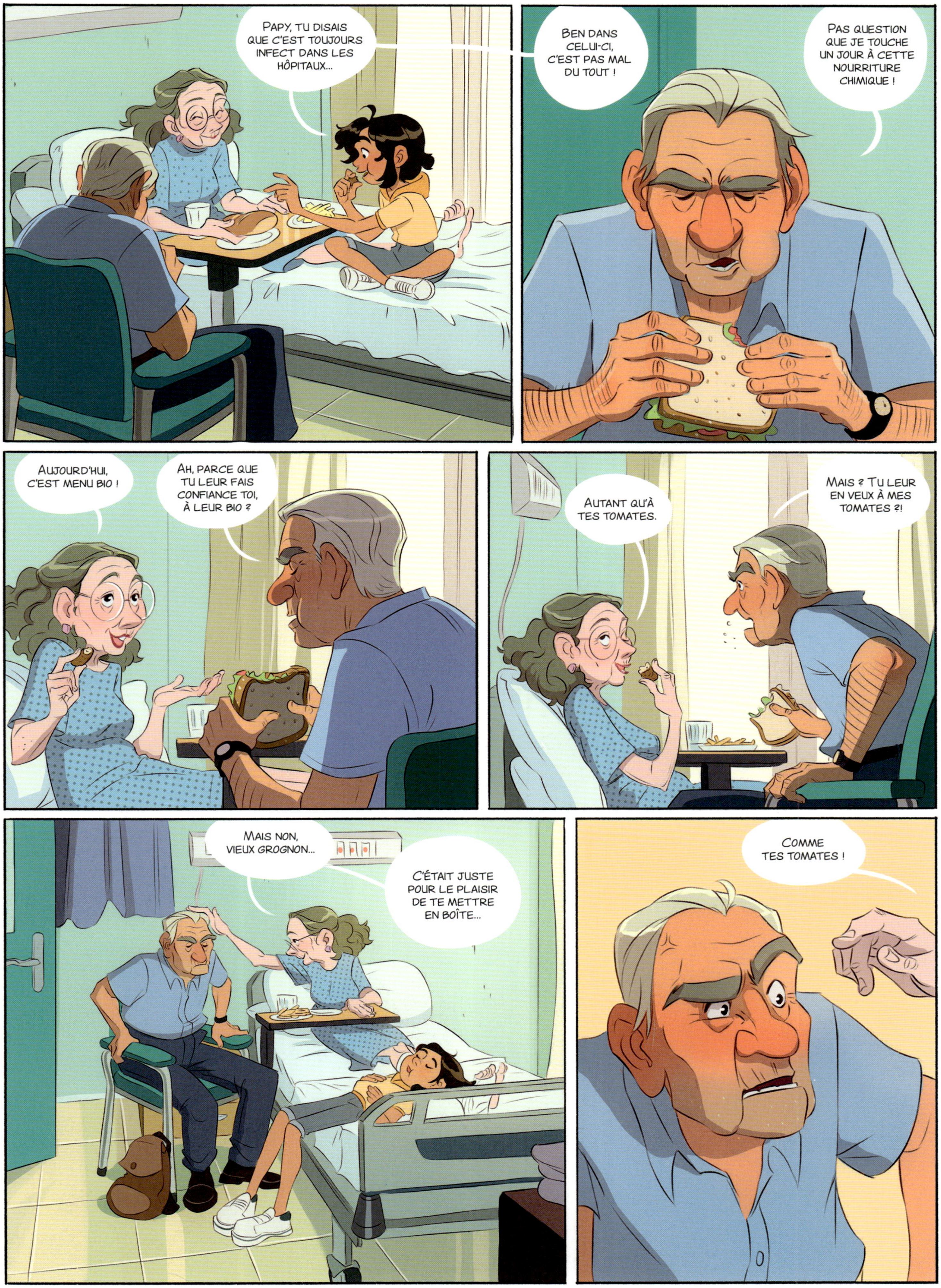
Papy, tu disais que c'est toujours infect dans les hôpitaux...
Ben dans celui-ci, c'est pas mal du tout !
Pas question que je touche un jour à cette nourriture chimique !
Aujourd'hui, c'est menu bio !
Ah, parce que tu leur fais confiance toi, à leur bio ?
Autant qu'à tes tomates.
Mais ? Tu leur en veux à mes tomates ?!
Mais non, vieux grognon...
C'était juste pour le plaisir de te mettre en boîte...
Comme tes tomates !

BEN QUOI ?
TU VEUX PAS ESSAYER DE LE CONDUIRE, MON TRACTEUR ?
SI, SI, BIEN SÛR ! C'EST JUSTE QUE... JE NE SAIS PAS COMMENT ON FAIT !
BEN TU CROIS QUE JE PEUX PAS T'APPRENDRE, PEUT-ÊTRE ?
BON...
ALORS, ICI, C'EST LA PÉDALE POUR ACCÉLÉRER, ET LÀ, CELLE POUR FREINER... T'AS COMPRIS ?
EUH... OUI, OUI, JE CROIS !
BEN EN ROUTE, ALORS !
VRRRRR VRRRR

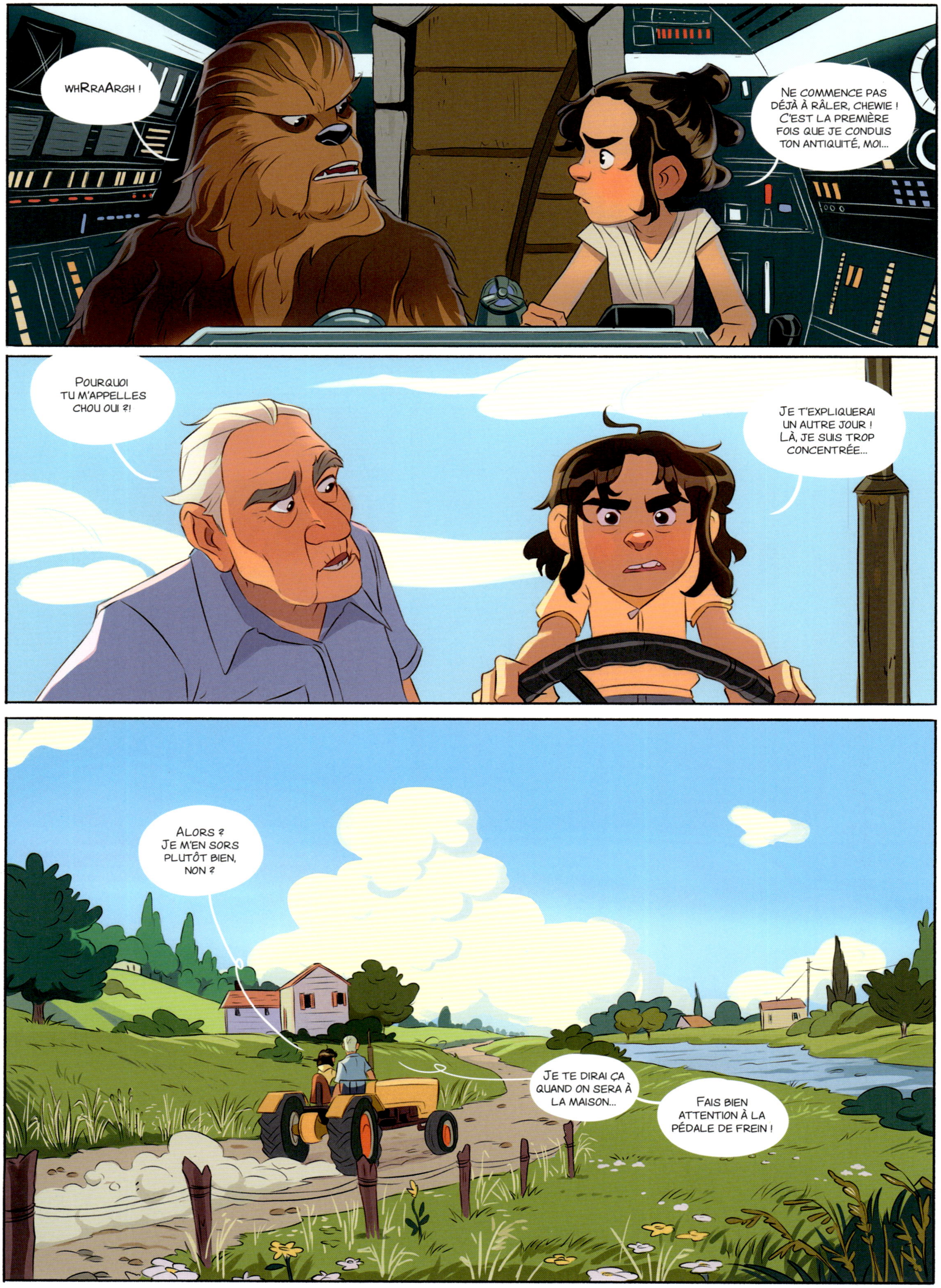
WHRRAARGH !
NE COMMENCE PAS DÉJÀ À RÂLER, CHEWIE ! C'EST LA PREMIÈRE FOIS QUE JE CONDUIS TON ANTIQUITÉ, MOI...
POURQUOI TU M'APPELLES CHOU OUI ?!
JE T'EXPLIQUERAI UN AUTRE JOUR ! LÀ, JE SUIS TROP CONCENTRÉE...
ALORS ? JE M'EN SORS PLUTÔT BIEN, NON ?
JE TE DIRAI ÇA QUAND ON SERA À LA MAISON...
FAIS BIEN ATTENTION À LA PÉDALE DE FREIN !

EUH... LÀ, JE PRÉFÉRERAIS QUE TU PRENNES LE VOLANT, PAPY !
PFFF... FROUS-SARDE !
BEN FREINE !
JE... JE NE ME SOUVIENS PLUS QUELLE PÉDALE C'EST...
ET REGARDE DEVANT TOI !!
MAMAN ! AU SECOURS !!
ZBLOOF !
EUH...
ET LÀ, PAPY, TU VEUX BIEN REPRENDRE LE VOLANT ?

BON, LE MOTEUR N'EST PAS NOYÉ, C'EST DÉJÀ ÇA...
VRRRROOUM
LA MAUVAISE NOUVELLE, C'EST QUE JE VAIS DEVOIR FAIRE QUELQUE CHOSE QUE JE DÉTESTE...
DONNE-MOI TON TÉLÉPHONE !
PITIÉ, NON, NE ME LE CONFISQUE PAS !
C'EST PAS POUR TE PUNIR, BABACHE ! C'EST POUR APPELER À L'AIDE !!
OUF !
ENCORE HEUREUX QUE JE CONNAISSE LE NUMÉRO DE CE VIEUX MERLE PAR CŒUR...
TAP
TAP
BON BEN Y A PLUS QU'À ATTENDRE...
AH BEN QUAND MÊME !!

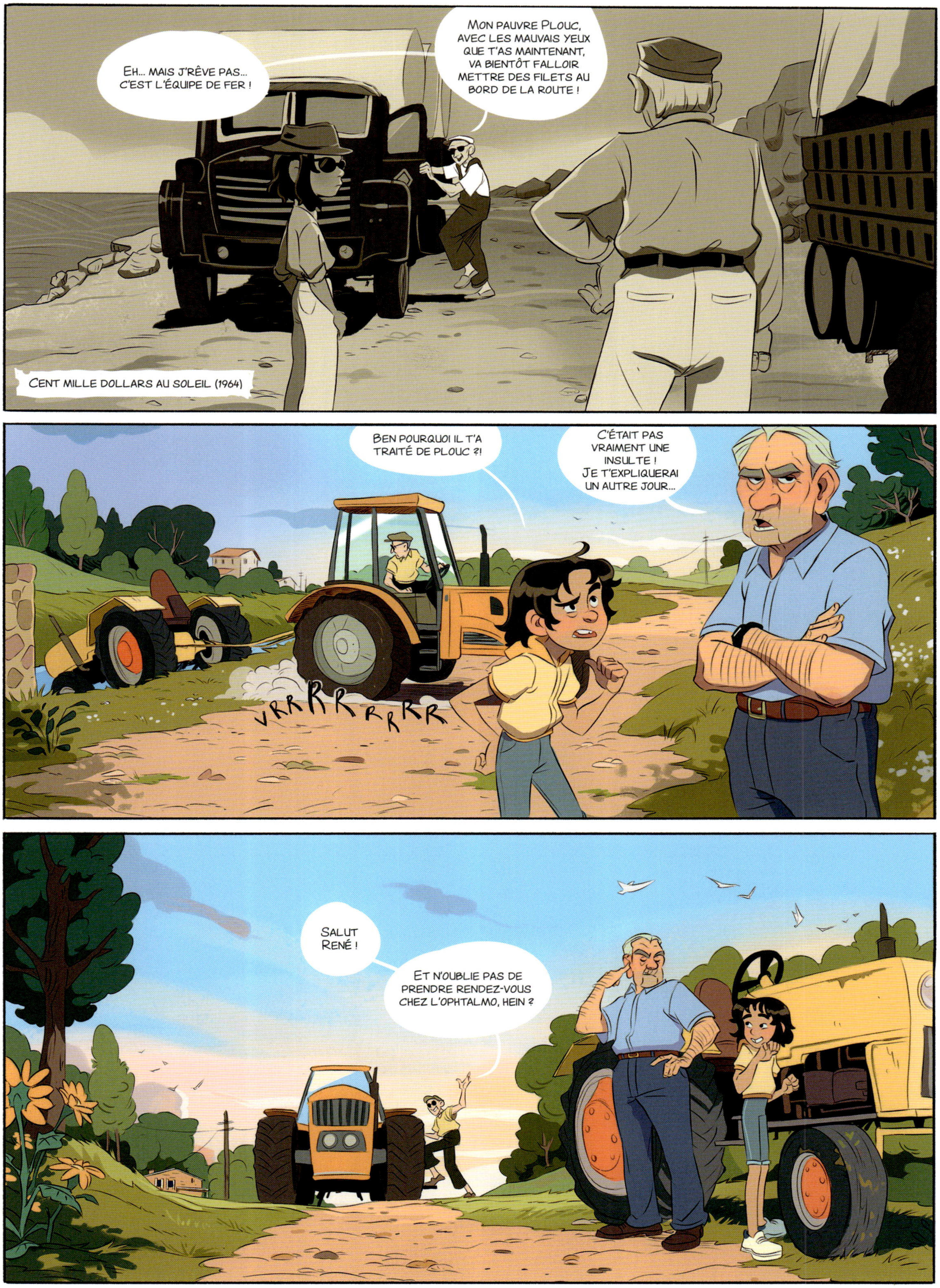
EH... MAIS J'RÊVE PAS... C'EST L'ÉQUIPE DE FER !
MON PAUVRE PLOUC, AVEC LES MAUVAIS YEUX QUE T'AS MAINTENANT, VA BIENTÔT FALLOIR METTRE DES FILETS AU BORD DE LA ROUTE !
CENT MILLE DOLLARS AU SOLEIL (1964)
BEN POURQUOI IL T'A TRAITÉ DE PLOUC ?!
C'ÉTAIT PAS VRAIMENT UNE INSULTE ! JE T'EXPLIQUERAI UN AUTRE JOUR...
VRRRRRRRRR
SALUT RENÉ !
ET N'OUBLIE PAS DE PRENDRE RENDEZ-VOUS CHEZ L'OPHTALMO, HEIN ?

BON ALLEZ, ON Y RETOURNE...
ET REGARDE BIEN DEVANT TOI CETTE FOIS !
MAIS PAPY, JE...
SILENCE ! QUAND ON TOMBE DE CHEVAL, LA MEILLEURE CHOSE À FAIRE EST DE REMONTER EN SELLE !
JE NE SAVAIS PAS QUE TU ÉTAIS AUSSI PROF D'ÉQUITATION...
EN LIGNE DROITE ET SANS OBSTACLE, C'EST QUAND MÊME PLUS FACILE...
PENSE BIEN À TA PÉDALE DE FREIN QUAND MÊME !
ADMIREZ-MOI CETTE ENTRÉE TOUT EN DOUCEUR DANS LA COUR...

ALORS ? JE L'AI, MON PERMIS ?
HÉ ! MAIS FREINE !!
KRiiiiiiiiii iiii
BAH, C'EST RIEN ! J'EN REPLANTERAI D'AUTRES DEMAIN, DES FLEURS...
BEN ALORS ? TU DESCENDS TOUTE SEULE OU IL FAUT QUE JE TE PORTE ?
JE NE SUIS PLUS UN BÉBÉ, TU SAIS !
ET PUIS, TU N'ES PLUS TOUT JEUNE... JE NE VOUDRAIS PAS QUE TU TE BLESSES EN ME PRENANT DANS TES BRAS !
PFFF ! AVEC TOUS LES SACS DE PATATES QUE JE DOIS ALLER DÉCHARGER... J'ÉTAIS PAS À UN PRÈS !

Charlotte
Alors ? T'en penses quoi de mon bolide ?
Salma
Charlotte
Bof ! Je préfère mon vélo...
Je suis sûr qu'il est + rapide !
Ha ! Ha ! Jalouse !

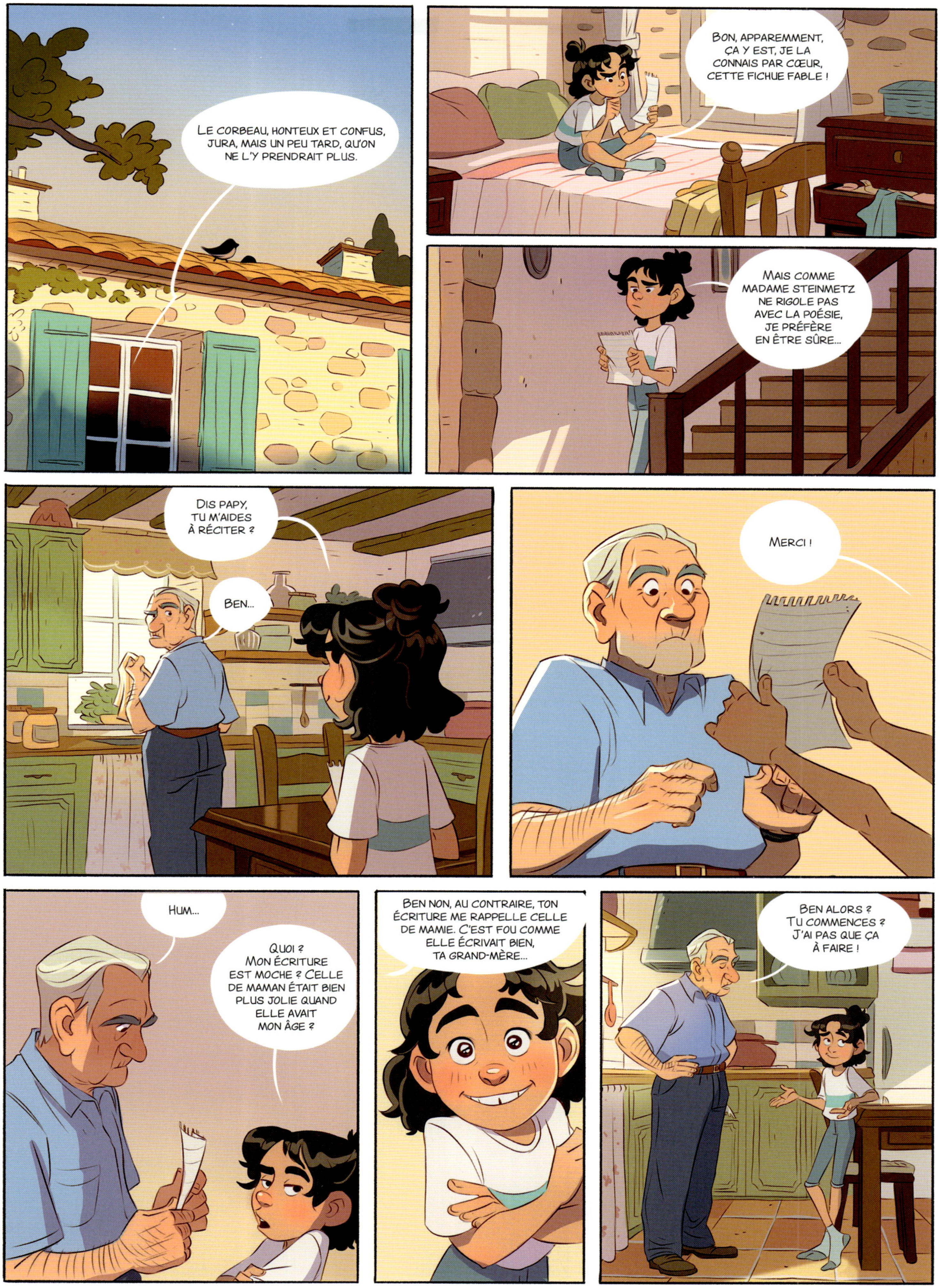
LE CORBEAU, HONTEUX ET CONFUS, JURA, MAIS UN PEU TARD, QU'ON NE L'Y PRENDRAIT PLUS.
BON, APPAREMMENT, ÇA Y EST, JE LA CONNAIS PAR CŒUR, CETTE FICHUE FABLE !
MAIS COMME MADAME STEINMETZ NE RIGOLE PAS AVEC LA POÉSIE, JE PRÉFÈRE EN ÊTRE SÛRE...
DIS PAPY, TU M'AIDES À RÉCITER ?
BEN...
MERCI !
HUM...
QUOI ? MON ÉCRITURE EST MOCHE ? CELLE DE MAMAN ÉTAIT BIEN PLUS JOLIE QUAND ELLE AVAIT MON ÂGE ?
BEN NON, AU CONTRAIRE, TON ÉCRITURE ME RAPPELLE CELLE DE MAMIE. C'EST FOU COMME ELLE ÉCRIVAIT BIEN, TA GRAND-MÈRE...
BEN ALORS ? TU COMMENCES ? J'AI PAS QUE ÇA À FAIRE !

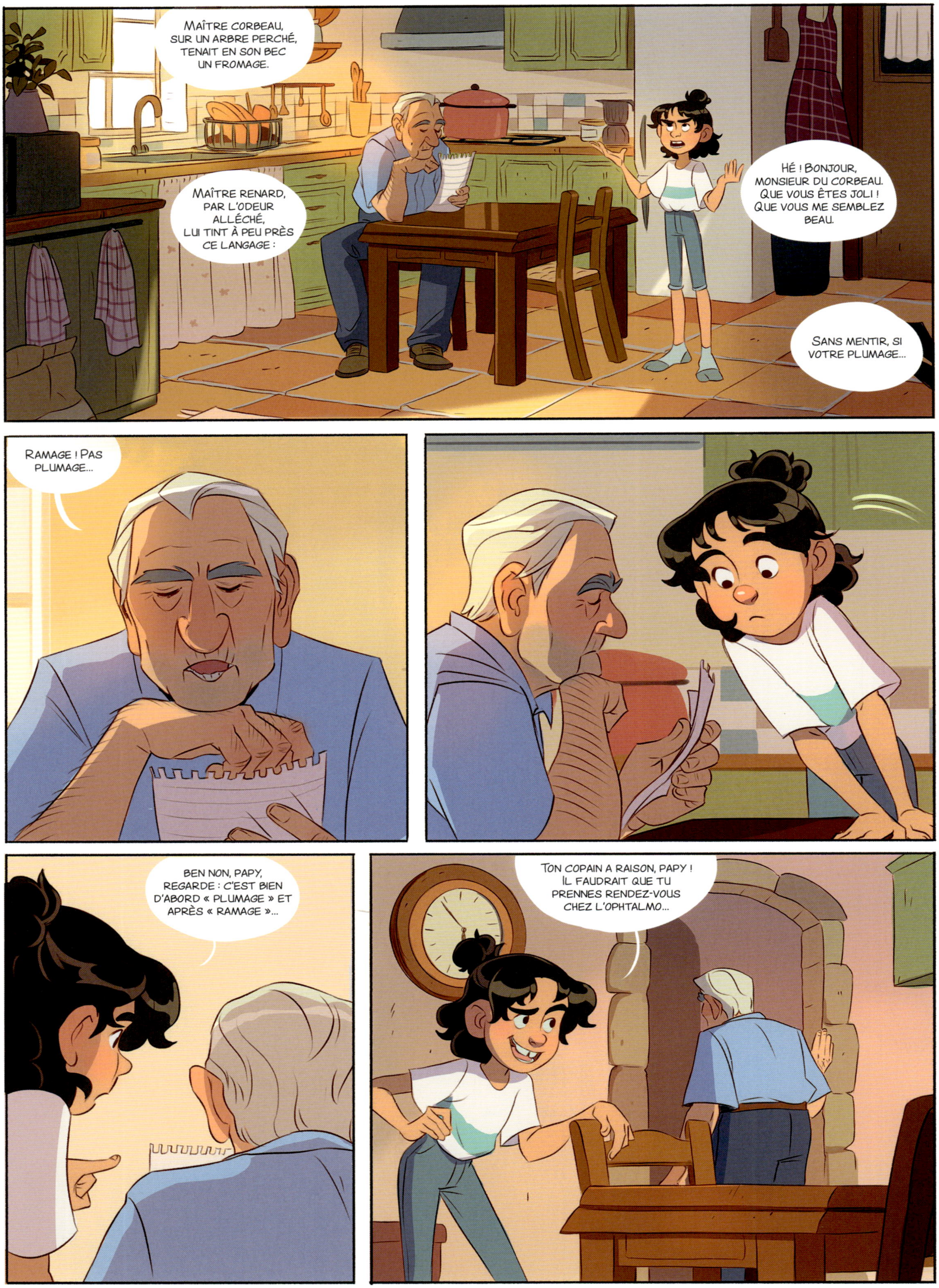
MAÎTRE CORBEAU, SUR UN ARBRE PERCHÉ, TENAIT EN SON BEC UN FROMAGE.
MAÎTRE RENARD, PAR L'ODEUR ALLÉCHÉ, LUI TINT À PEU PRÈS CE LANGAGE :
HÉ ! BONJOUR, MONSIEUR DU CORBEAU. QUE VOUS ÊTES JOLI ! QUE VOUS ME SEMBLEZ BEAU.
SANS MENTIR, SI VOTRE PLUMAGE...
RAMAGE ! PAS PLUMAGE...
BEN NON, PAPY, REGARDE : C'EST BIEN D'ABORD « PLUMAGE » ET APRÈS « RAMAGE »...
TON COPAIN A RAISON, PAPY ! IL FAUDRAIT QUE TU PRENNES RENDEZ-VOUS CHEZ L'OPHTALMO...

Là, page 31, lignes 7 et 8...
Zut ! Tu avais raison ! Je me suis trompée en copiant !
Hum... Pas forcément...
Comment ça, « pas forcément » ?
Il y a peut-être une faute dans mon livre...
Ou alors, c'est La Fontaine qui a fait une erreur...
Non mais dis donc ? Tu n'as pas honte de te moquer de ta petite-fille ?
Hé ! Hé ! Hé !

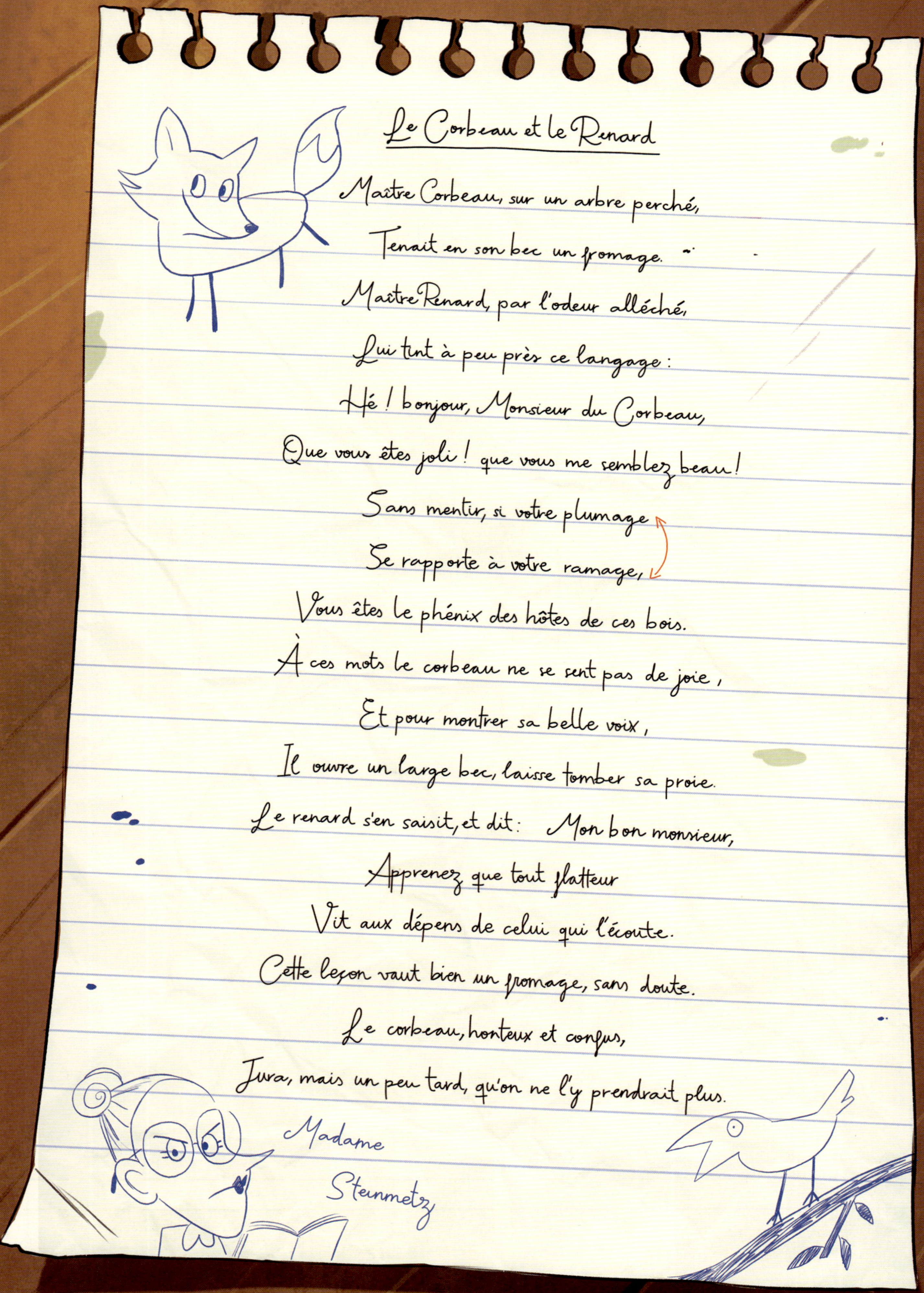

Le Corbeau et le Renard

Maître Corbeau, sur un arbre perché,
Tenait en son bec un fromage.
Maître Renard, par l'odeur alléché,
Lui tint à peu près ce langage :
Hé ! bonjour, Monsieur du Corbeau,
Que vous êtes joli ! que vous me semblez beau !
Sans mentir, si votre plumage
Se rapporte à votre ramage,
Vous êtes le phénix des hôtes de ces bois.
À ces mots le corbeau ne se sent pas de joie,
Et pour montrer sa belle voix,
Il ouvre un large bec, laisse tomber sa proie.
Le renard s'en saisit, et dit : Mon bon monsieur,
Apprenez que tout flatteur
Vit aux dépens de celui qui l'écoute.
Cette leçon vaut bien un fromage, sans doute.
Le corbeau, honteux et confus,
Jura, mais un peu tard, qu'on ne l'y prendrait plus.

Madame Steinmetz

JE N'AI PLUS DE CHOUX DE BRUXELLES POUR CE SOIR ! FAUT QUE J'AILLE EN ACHETER...
EUH... ET SI ON SORTAIT MANGER, PLUTÔT ?
BEN OÙ ÇA ?
SURPRISE ! JE M'OCCUPE DE L'ADRESSE, ET TOI, DE NOUS Y CONDUIRE...
Maison
BMILO
VRRRRRR RRRR
C'EST LÀ, PAPY !
FAST & GOOD

HÉ M'SIEUR ? AVEC VOTRE TRACTEUR, VOUS FAISEZ UNE PUB POUR LE BIG FARMER ?
VA T'ACHETER UN MANUEL DE CONJUGAISON, GAMIN ! TU VIENS DE ME CREVER UN TYMPAN...
HA ! HA ! HA ! IL T'A CASSÉ !
TU ES UN VRAI PRO DE LA RÉPARTIE, PAPY ! TU AURAIS PU ÊTRE COMIQUE PROFESSIONNEL !!
UN MÉTIER DE GUIGNOL ? TU RIGOLES !
AH, IL Y A UNE TABLE DE LIBRE, LÀ-BAS...
OUI, MAIS...
IL FAUT D'ABORD FAIRE LA QUEUE...
QUOI ?!

Devoir faire la queue pour avoir le droit d'être servi...
Un cheddar tower en menu avec un coca et un sunday choco !
Euh... Pareil ! Mais avec un pichet de rouge.
Mais, monsieur... Nous ne proposons jamais de vin !
De mieux en mieux...
Mettez-lui une bière, ce sera très bien !

COMME SI J'EN AVAIS PAS ENCORE ASSEZ DE PASSER TOUTE MA JOURNÉE ASSIS EN HAUT DE MON TRACTEUR...
FAUT ENCORE QUE LE SOIR, JE FASSE LE PERROQUET SUR SON PERCHOIR !
ÇA Y EST, TU AS FINI DE RÂLER ? ON VA POUVOIR MANGER TRANQUILLEMENT ?
NON : J'AI OUBLIÉ MES COUVERTS...
VA M'EN CHERCHER ! MANQUERAIT PLUS QUE JE DOIVE MANGER AVEC LES MAINS...

Alors, franchement, tu as trouvé ça comment ?
Hum...
La bière était correcte.
Les frites étaient fines comme des allumettes, et presque aussi sèches...
Le sandwich était un peu trop sucré mais ça aurait pu être pire...
Et j'ai bien aimé le tout petit machin glacé !
Et donc ? Tu es plutôt content d'être venu ?
Ben oui ! Je viens de le dire !
Ce n'était pas très clair...
FAST & GOOD

Charlotte

Salma

Hé meuf ! MC PB va jouer dans un clip !!

Charlotte

Et c'est la première photo du tournage ? Mdr !! 😝

COUCOU MAMAN ! TU PEUX ME DONNER TA RECETTE DES TOMATES FARCIES ?
HEIN ? TU VEUX CUISINER ?!
BEN OUI ! ON NE VA PAS RETOURNER AU FAST-FOOD, QUAND MÊME !
AU QUOI ?!
LAISSE TOMBER, JE TE RACONTERAI PLUS TARD ! ALORS, LA RECETTE ?
LES TOMATES, J'EN AI. LES OIGNONS ET LE PERSIL, PAREIL. POUR LA VIANDE...
BEN, PRENDS MON VÉLO DANS LA GRANGE ET VA FAIRE UN SAUT CHEZ LE BOUCHER !
C'EST PARTI !
ET DÉPÊCHE-TOI ! JE MANGE À...
MIDI PILE, JE SAIS !

PAPY ? TU PEUX VENIR METTRE LE PLAT DANS LE FOUR !
AH BEN QUAND MÊME !
T'AS VU L'HEURE QU'IL EST ?
11H15. LE FOUR EST DÉJÀ PRÉCHAUFFÉ.
MAMAN M'A EXPLIQUÉ QUE LES TOMATES DEVAIENT CUIRE PENDANT 45 MINUTES...
À MIDI PILE, DONC, NOUS PASSERONS À TABLE. J'ESPÈRE QU'ELLE EST DÉJÀ MISE !
ET LA CUISSON DES PATATES QUI NE SONT MÊME PAS ENCORE ÉPLUCHÉES ?
J'ACCOMPAGNE MES TOMATES DE SEMOULE, COMME À LA MAISON.
DE LA SEMOULE PLUTÔT QUE DES PATATES ?!
OUI ! ET OUI, ÇA VIENT DE MON PÈRE !
PFFF ! ÇA NE M'ÉTONNE PAS !

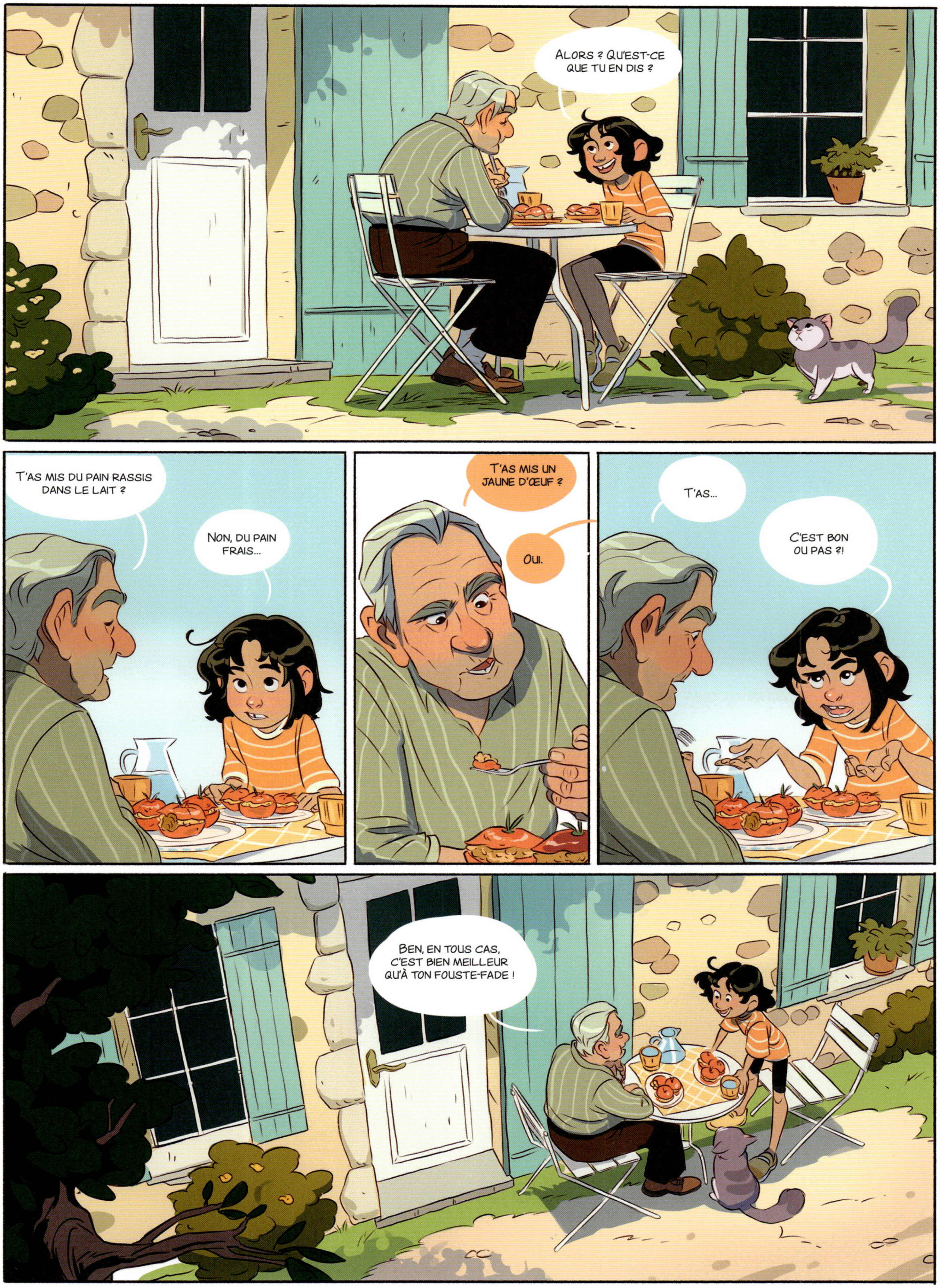
ALORS ? QU'EST-CE QUE TU EN DIS ?
T'AS MIS DU PAIN RASSIS DANS LE LAIT ?
NON, DU PAIN FRAIS...
T'AS MIS UN JAUNE D'ŒUF ?
OUI.
T'AS...
C'EST BON OU PAS ?!
BEN, EN TOUS CAS, C'EST BIEN MEILLEUR QU'À TON FOUSTE-FADE !

Tomates farcies

Ingrédients (pour 4 personnes)

8 tomates

1 gros oignon

300 g de hachis de bœuf

300 g de hachis de porc

1 tranche de pain rassis

1 verre de lait

1 œuf

1 botte de persil, sel, poivre

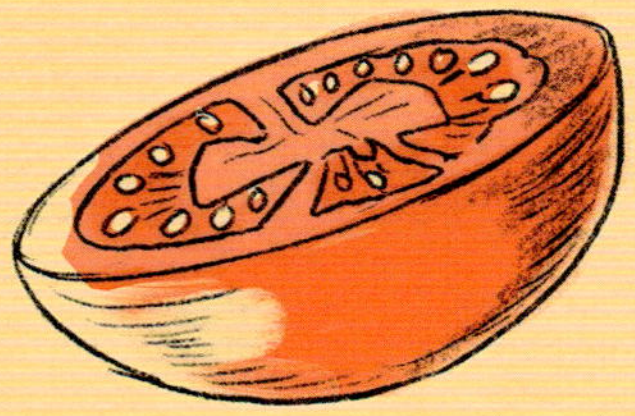

1. Émietter le pain dans un bol. Verser le lait par-dessus.
2. Hacher l'oignon et le persil.
3. Vider les tomates : conserver l'intérieur.
4. Mixer l'intérieur des tomates : en verser la moitié dans le fond du plat et l'autre moitié dans un saladier.
5. Ajouter dans le saladier : la viande, l'oignon et le persil hachés, le pain imbibé de lait et l'œuf entier : saler, poivrer.
6. Mélanger le tout à la main.
7. Remplir les tomates avec la farce : replacer les chapeaux.
8. Faire cuire à 180° pendant 45 minutes environ.

C'EST FOU CE QUE LA PETITE A CHANGÉ, TU SAIS ?
TU NE LA RECONNAÎTRAIS PAS...

Tu te souviens quand je disais que je regrettais de ne pas avoir eu un petit-fils pour lui apprendre à conduire mon tracteur ?
Ben j'étais un vrai babache !
Hier, la gamine a conduit ma machine comme une vraie championne !
Et elle sait faire à manger aussi ! Ses tomates farcies, on dirait presque les tiennes !
Et puis, euh... J'ai l'impression qu'elle m'aime bien.
Tu te rends compte, une vieille bête comme moi ? Toujours en train de râler, de la taquiner sur son père...
Je vais arrêter ça, d'ailleurs ! Je...
Mais non, tu peux continuer à critiquer papa !
Il m'a déjà expliqué que c'était un jeu entre vous !
Ben t'écoutes aux portes, toi, maintenant ?
Encore un mauvais côté que je tiens de mon père...

MAIS ? MIREILLE RENTRE DANS UNE HEURE !
BEN JE SAIS !
ÇA VEUT DIRE QU'IL NE NOUS RESTE PLUS BEAUCOUP DE TEMPS...
PLUS BEAUCOUP DE TEMPS POUR FAIRE QUOI ?
POUR PRÉPARER UNE SURPRISE, BIEN SÛR !
TU AS PENSÉ À QUELQUE CHOSE DE SPÉCIAL POUR L'ACCUEILLIR ?
BEN, EUH... NON.
HEUREUSEMENT QUE JE SUIS LÀ ! JE VAIS T'EXPLIQUER MON IDÉE...

BEN, J'EN AI JAMAIS FAIT, MOI !
BEN, TU CROIS QUE JE PEUX PAS T'APPRENDRE, PEUT-ÊTRE ?
BEN... JE CROIS QUE J'AI FINI.
ALORS VA VITE T'HABILLER, MIREILLE VA BIENTÔT ARRIVER !
BEN JE SUIS DÉJÀ HABILLÉ !
TU AS TRÈS BIEN COMPRIS CE QUE JE VOULAIS DIRE ! FILE !!

BONJOUR MA CHÉRIE ! RENÉ N'EST PAS LÀ ?
SI, SI ! IL T'ATTEND DANS LE SALON...
IL T'A PRÉPARÉ UNE SURPRISE...

3, 2, 1…
VAS-Y PAPY !
HUM HUM
MIREILLE, QUAND T'ES PAS LÀ Y A PLUS RIEN QUI VA !
JE TROUVE LE RAMAGE, EUH, LE PLUMAGE DES OISEAUX, MOINS BEAU.
ET LES FLEURS SANS COULEURS.
MAIS À PRÉSENT QUE TE REVOILÀ, POUR MOI, C'EST LA JOIE !

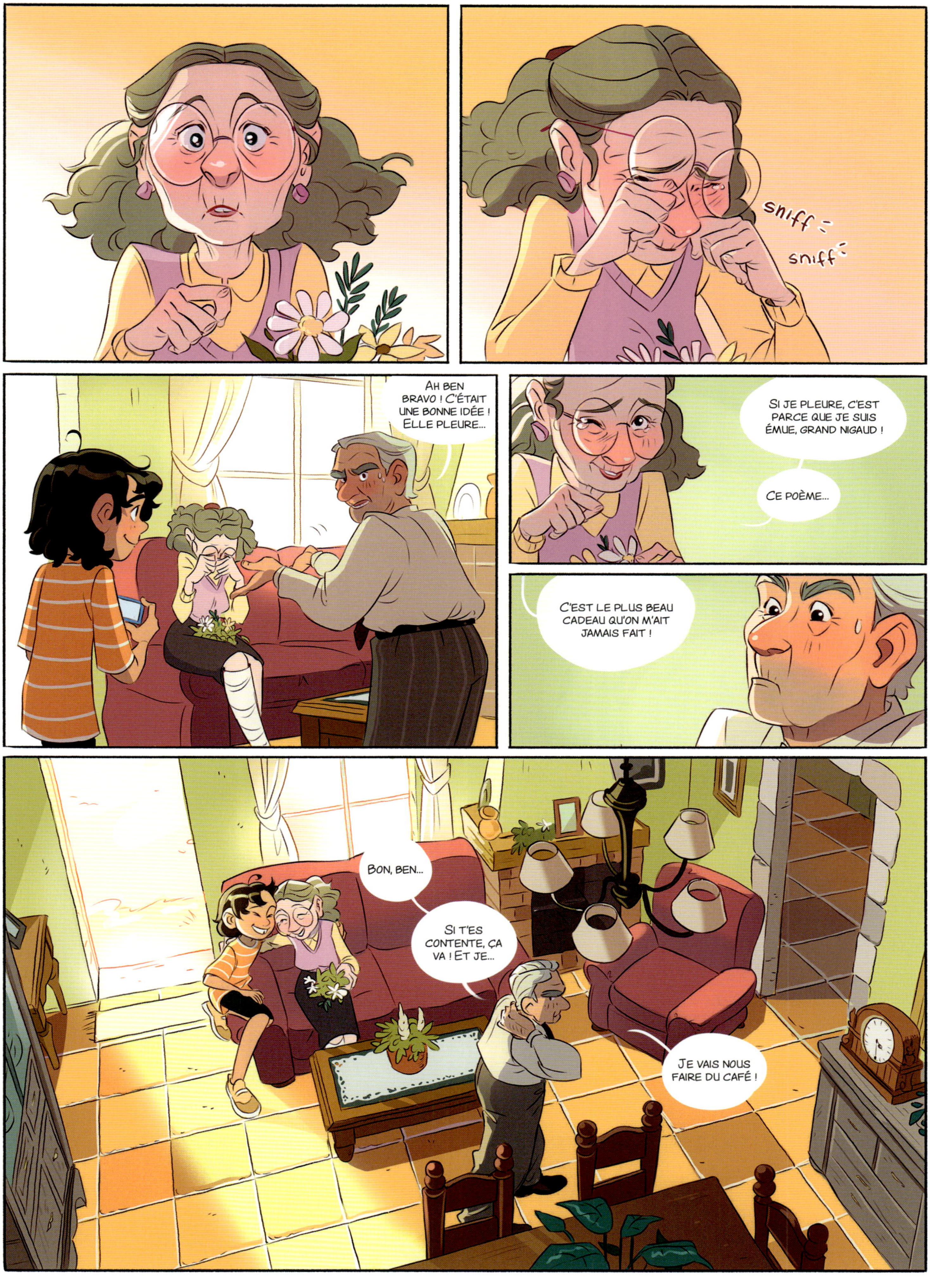
sniff !
sniff !
AH BEN BRAVO ! C'ÉTAIT UNE BONNE IDÉE ! ELLE PLEURE...
SI JE PLEURE, C'EST PARCE QUE JE SUIS ÉMUE, GRAND NIGAUD !
CE POÈME...
C'EST LE PLUS BEAU CADEAU QU'ON M'AIT JAMAIS FAIT !
BON, BEN...
SI T'ES CONTENTE, ÇA VA ! ET JE...
JE VAIS NOUS FAIRE DU CAFÉ !

Happy end, ma Lolotte! ❤

Salma

Cahier graphique

Papy Boulet
Salma

Papy BOULET

KR
BAH, C'EST RIEN ! J'EN REPLANTERAI D'AUTRES DEMAIN, DES FLEURS...
BEN ALORS ? TU DESCENDS TOUTE SEULE OU IL FAUT QUE JE TE PORTE ?
JE NE SUIS PLUS UN BÉBÉ, TU SAIS !
ET PUIS, TU N'ES PLUS TOUT
PFFF ! AVEC TOUS LES SACS DE PATATES QUE JE DOIS ALLER